지금부터 하면 돼!

하루 24시간 탄소 발자국을 따라가 보자

이성희 글 · 김푸른 그림

한권의책

07:00
아침 햇살이 반짝 6

08:00
학교로 출발 10

하루 24시간

18:30
저녁 준비 42

14:00
수업이 끝난 뒤 34

08:30
학교에서
우리는 14

12:00
급식 먹고 봉사하기 28

21:00
저녁에 집에서 48

22:00
내일 준비 52

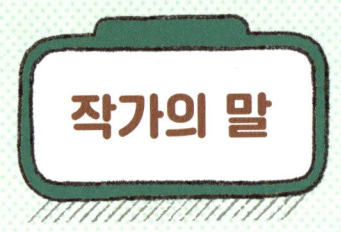

작가의 말

　우리는 아침에 일어나서 다양한 일을 하고 어둠이 내려앉으면 다시 잠자리에 듭니다. 그렇게 24시간 하루하루를 보냅니다. 그러면서 탄소를 배출하고 쓰레기를 만듭니다.

　우리 인간도 삶을 행복하게 꾸려 나가고 해야 할 일들을 하며 살아가야 하니 어쩔 수 없이 탄소도 배출하고 쓰레기도 만들어 냅니다.

　다만 이렇게 하루의 생활을 탄소 발자국 관점에서 살펴보면 기후 위기를 극복하고 더불어 환경과 인간의 공존을 꾀하는 실천 방안을 배울 수 있습니다. 그래서 무엇보다 먼저 탄소 발자국과 환경, 기후의 관계를 잘 알아야 하고, 또 어떻게 해야 할지 생각도 해 봐야 합니다.

　그런 의미를 바탕에 두고 이 책을 썼습니다. 하지만 절대 겁먹을 필요는 없습니다. 함께 생각하고 연대하여 실천한다면 탄소 중립을 이루어 낼 수 있으

니까요. 아주 작은 벌새가 물 한 방울을 담아 와서 산불을 끄는 '크리킨디 프로젝트'처럼 우리 모두가 '같이' 초록별 지구에서 실천하고 노력하는 지킴이로 살아간다면 지구는 지금보다 더 나아질 수 있습니다.

"벌새, 네가 그런다고 산불을 끌 수 있겠어?"
"그렇게 해 봐야 무슨 소용이 있을까?"

"나는 내가 할 수 있는 일을 할 뿐이야."

이 책을 읽는 모든 분께 지금부터 우리가 함께하면 가능하다는 것을 말씀 드리고 싶습니다.

하나뿐인 지구별에서 저자 드림

07:00 아침 햇살이 반짝

콩 콩 콩. 오늘도 어김없이 들려오는 엄마의 발자국 소리. 그리고 차르륵 열리는 커튼.

"일어나야지, 은우야."

햇살이 커튼 사이로 환한 얼굴을 들이밀었지만 나는 이불 속에서 몸을 뒤척일 뿐이다.

이번에는 조금 더 높은 솔 톤으로 "알람 소리 못 들었니? 일어나, 빨리! 학교 늦는다니까!"

아, 오랜만에 초능력을 갖게 되어 순간 이동하는 꿈을 꾸고 있었는데 엄마의 목소리는 막 우주로 순간 이동하려는 나를 침대 위로 순간 이동시켜 버렸다.

아아, 엄마도 참! 5분만 더 있다가 깨우시지.

휴대폰 알람은 월, 화, 수, 목, 금 성실히 제 할 일을 하지만 결국 나를 일으켜 세우는 건 엄마의 솔♪ 톤 목소리이다.

엄마의 한 톤 더 높은 목소리를 듣고 싶지 않아서 기지개를 쭉 켜고 졸린 눈을 비비며 화장실로 씻으러 갔다.

화장실 불을 켜고 슬리퍼를 신은 뒤, 세면대 수도꼭지를 틀어 놓고 세수를 시작했다.

"은우야, 서둘러."

아이코, 엄마의 목소리가 나를 다시금 상상의 나라에서 화장실 거울 앞으로 끌어다

화장실 전등 사용

내가 사용하는 전기를 만들 때 탄소가 발생합니다. 화장실 전등을 켜고 30분 이용했다면…

15Wh x 30분 = 7g

물을 틀어 놓고 세수

깨끗한 수돗물을 만들기 위해 전기를 사용하기 때문에 탄소가 발생합니다. 내가 한 번 세수할 때 약 27ℓ(500㎖ 생수병 54개의 양)의 물을 사용하는데요, 이때 발생하는 탄소는…

27ℓ = 7g

오늘 아침 식사로

음식을 만들려면 여러 가지 재료가 필요한데요,
음식 재료를 키우고 가공할 때 탄소가 발생해요.
또 농장이나 공장 등 생산지에서 우리 집까지 올 때도
탄소가 많이 발생해요. 게다가 맛있게 조리할 때
가스나 전기를 사용하면서 또 탄소가 발생해요.
내가 아침에 먹은 음식을 만들 때
발생하는 탄소는…

 아침 식사 만들 때 =
 1만 7200g

음식을 포장한 비닐

음식 재료를 포장할 때 사용하는 비닐은 석유를
원료로 만드는데요, 콩나물 등을 담았던
비닐봉지 5장을 만들 때 발생하는 탄소는…

 비닐봉지 5장 = 237g

남긴 음식물 쓰레기

음식물 쓰레기 100g은 가축의 사료로 다시
활용할 수 있어요. 그러나 이용하지 못하는 것은
태우거나 땅에 묻어야 하는데요, 이때 탄소가
발생해요. 내가 아침밥을 먹고 남긴 음식물 쓰레기가
100g이라면 이때 발생하는 탄소는…

 음식물 쓰레기 100g =  16g

났다. 서둘러야겠다. 어쨌든 학교는 가야 하니 말이다.

 1학년일 때는 학교가 너무 크게 느껴졌는데 2학년이 되니 학교 크기가 그렇게 크게 느껴지지 않았고, 무엇보다 1학년 동생들이 참 귀엽다는 생각이 들었다.

 그건 그렇고 우리 엄마는 진짜 부지런하신 거 같다. 예전에 나는 이런 생각을 했었다. '엄마는 안 주무시나?' 왜냐면 엄마가 침대에서 주무시는 걸 본 적이 없으니까. 지금이야 물론 사람은 잠을 자야 한다는 걸 알지만 말이다.

 식탁 위에 밥과 반찬이 차려져 있었다. 오늘은 어제 식탁보다 반찬이 한 가지 더 늘었다. 잡곡밥은 똑같고, 콩나물, 김치, 내가 싫어하는 시금치나물, 떡갈비, 달걀프라이, 멸치볶음, 된장찌개가 있었다. 싱크대를 보니 두부를 담았던 플라스틱 통과 비닐, 달걀 껍데기, 콩나물을 담았던 비닐, 떡갈비를 담았던 비닐, 된장찌개 양념 비닐이 아직 쓰레기통 안으로 몸을 숨기지 못하고 널브러져 있었다. 멸치볶음은 집 앞에 새로 생긴 반찬 가게에서 사 오신 것 같다. 아직 분리배출함에 몸을 숨기지 못한 동그란 플라스틱 통이 아침 햇살에 반사되어 반짝이고 있었다. 일회용 플라스틱 통 안에 담겼던 걸 집에 있는 유리그릇에 옮겨 담으셨구나.

 약간 졸렸지만 시계의 분침은 나를 기다려 주지 않는다. 숟가락으로 밥을 떠서 입에 넣었다. 오, 생각보다 맛있는데! 하하하! 난 맛있는 것을 먹으면 기분이 좋아진다.

 그런데 밥을 다 먹지는 못했다. 엄마는 내가 먹을 수 있는 양보다 꼭 한 숟가락씩 밥을 더 뜨시는 것 같다.

"밥 좀 남기지 말고 다 먹으라니까."

"엄마가 너무 많이 펐어요."

08:00 학교로 출발

"은우 키 크라고 그러지."

"그래도 아침에 이걸 다 어떻게 먹어요?"

"그래, 시간 없으니까 어서 양치하고 학교 가렴."

화장실로 간 나는 이 닦을 준비를 했다. 튜브를 눌러 파란 치약을 쭉 짰다. 너무 많이 나온 것 같기는 한데 다시 넣을 수가 없으니 그냥 이를 닦기 시작했다. 이를 닦으면서 거울 속의 나를 들여다보았다. 오늘은 내가 좀 예뻐 보였다. "이~." 하면서 거울을 보았다.

물을 틀고 양치 컵을 찾았다. 우리 집은 양치 컵으로 종이컵을 사용한다. 예전에 쓰던 양치 컵은 유리컵이었는데 떨어뜨려서 깨지고 말았다. 쨍그랑~!

아빠가 가족의 안전을 염려해, 정확히 말하면 나의 안전을 위해 당분간 종이컵을 쓰기로 결정하셨다.

옷을 갈아입고 책가방을 멨다.

내 옷은 잘 구겨지지 않고 입으면 약간 시원한 느낌이 든다. 이모가 더운 여름에 입으면 시원할 거라며 사 주셨다.

민준이랑 8시 20분에 아파트 입구에서 만나기로 했다.

종이컵 1개 사용

내가 사용한 종이컵은 나무를 잘라 배로 이동하고, 공장에서 복잡한 처리 공정을 거쳐 완성된 다음, 우리 집으로 오게 되는데요, 이 모든 과정에서 탄소가 발생해요.

 종이컵 1개 = 7g

내가 입은 옷

옷은 천이라고 부르는 섬유로 만들어져요. 섬유는 면화 등 자연의 재료를 이용한 천연 섬유와 석유에서 뽑아낸 재료를 활용한 화학 섬유가 있지요. 옷은 재료 때부터 우리가 입기 전까지 이미 지구 한 바퀴를 여행하며 많은 탄소가 발생해요. 또, 옷을 입고 나서 빨래할 때와 버려서 폐기물이 되어도 탄소가 발생한답니다. 옷 소재에 따라 다르지만, 면 티셔츠 한 장에 6000g의 탄소가 발생하고 나일론 바지 한 장에 2만 3100g의 탄소가 발생한다고 해요.

 **면 티셔츠**(6000g) +
나일론 바지(2만 3100g)

=  2만 9100g

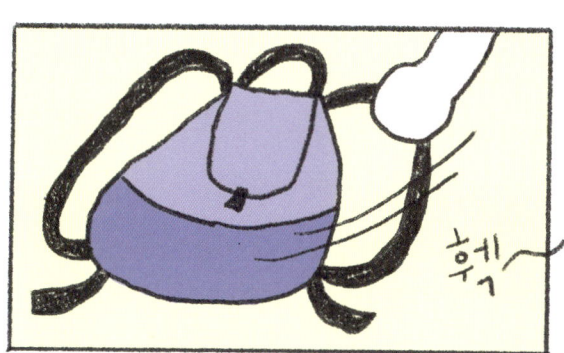

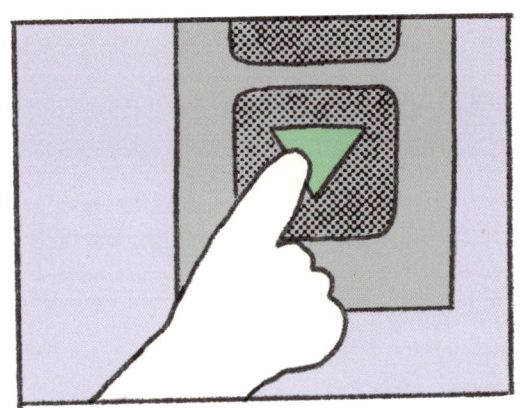

현관문을 나서서 엘리베이터로 향했다. 우리 집은 4층이다. 계단으로 내려가도 되지만 1년에 2~3번, 엘리베이터 점검 때만 계단을 이용하고, 그 외에는 엘리베이터를 탄다. 내가 엘리베이터를 타는 이유는 편하기 때문이다.

버튼을 두 번만 누르면 나를 1층으로 '슝' 하고 순간 이동시켜 주니까. 그래서 오늘도 집에서 8시 16분에 나와서 엘리베이터를 탔다.

"민준아!"

"어, 안녕?"

"오늘 체육한다고 했지?"

"응, 체육 시간에 뭘 할까?"

우리 학교는 걸어서 15분 정도 거리에 있다. 민준이랑 이렇게 이야기하면서 가면 괜찮은데 지난번에 민준이가 체험 학습 갔을 때처럼 혼자 걸어가야 할 때는 아빠한테 학교 근처까지 태워 달라고 한 적도 몇 번 있다. 길이 고무줄도 아닌데 왜 길어졌다 짧아졌다 하는지 도통 모르겠다.

오늘따라 학교 입구에 커다란 현수막이 걸

엘리베이터 사용

엘리베이터가 전기로 움직인다는 사실 알고 있죠? 엘리베이터가 4층에서 1층으로 내려가려면 전기 약 19Wh가 사용되고, 이때 발생하는 탄소는…

 엘리베이터 4층▶1층 =  9g

려 있었다. 벌써 7월이구나!

    3층에 있는 2학년 2반 교실을 밧줄로 잡아당겨 내 앞으로 오게 하고 싶었다. 나는 더 빠른 걸음으로 성큼성큼 학교에 다가갔다.

자동차 등교

자동차로 이동하는 경우 탄소가 발생하는데요, 일반 자동차는 휘발유를 사용하기 때문에, 전기 차는 전기를 충전해야 하기 때문에 탄소가 발생합니다. 걸어서 15분이라면 학교까지는 800m 정도 되는 거리예요. 자동차를 이용하면 큰 도로로 돌아가야 하니까 약 2km 이동해야 해요. 자동차 등교로 발생하는 탄소는…

 일반 자동차 x 2km = 290g

 전기 자동차 x 2km = 148g

현수막 1장 사용

학교 앞이나 선거철에 자주 눈에 띄는 현수막은 홍보 수단으로 많이 쓰여요. 그런데 현수막을 재활용하는 경우는 10%도 안 된다고 해요. 현수막을 1장 만들 때 발생하는 탄소는 2630g이에요.

현수막 1장을 만들 때 = 2630g
현수막 1장을 폐기할 때 = 1390g

08:30 학교에서 우리는

복도에서 실내화를 갈아 신고 교실로 들어갔다.

"선생님, 안녕하세요?"

"응, 은우랑 민준이 왔구나."

선생님은 컴퓨터를 켜시더니 뭔가 바쁘게 준비하셨다. 선생님은 학교에 도착해서 가장 먼저 하시는 일이 컴퓨터를 켜는 거라고 하셨다.

컴퓨터는 우리 수업 시간 내내 켜져 있다. 다른 선생님이 우리 반에 오셔서 수업을 하실 때에도 컴퓨터를 계속 이용한다.

나는 선생님에게 다가가서 여쭈어봤다.

"선생님, 컴퓨터는 언제 끄세요?"

"선생님 퇴근할 때 끄는 것 같은데……?"

"언제 퇴근하시는데요?"

"저희가 집에 갈 때 선생님도 집으로 가시는 거 아니에요?"

"그러면 좋겠지만 학교에 아홉 시간 정도 있는 것 같구나."

와, 선생님이 학교에 그렇게 오래 계신다니! 하긴 우리 아빠도 하루 종일 회사에서 컴퓨터만 보고 계신다고 했다. 어른들에게 컴퓨터는 정말 일할 때 없어서는 안 될 필

컴퓨터 9시간 사용

컴퓨터를 사용하려면 전기가 필요하죠? 데스크톱 컴퓨터는 본체와 모니터를 함께 사용하니까 소비되는 전기가 적지 않아요. 데스크톱 컴퓨터를 사용할 때 평균 260Wh의 전기가 필요하다고 해요.

260Wh x 9시간 = 1119g

에어컨 사용

에어컨은 전기를 많이 사용하는 전자 제품 중 하나예요. 에어컨을 켜면 전기가 많이 소비되어 탄소가 많이 발생해요. 그리고 에어컨은 공기를 차갑게 만들기 위해 냉매를 사용하는데요, 이 냉매가 탄소보다 더 강력한 온실가스를 일으킨다고 해요. 에어컨을 사용하는 조건과 환경에 따라 전기 소비량은 크게 차이가 날 수 있지만 하루 4시간 사용했을 때 발생하는 탄소를 계산해 보면…

에어컨 4시간 = 5737g

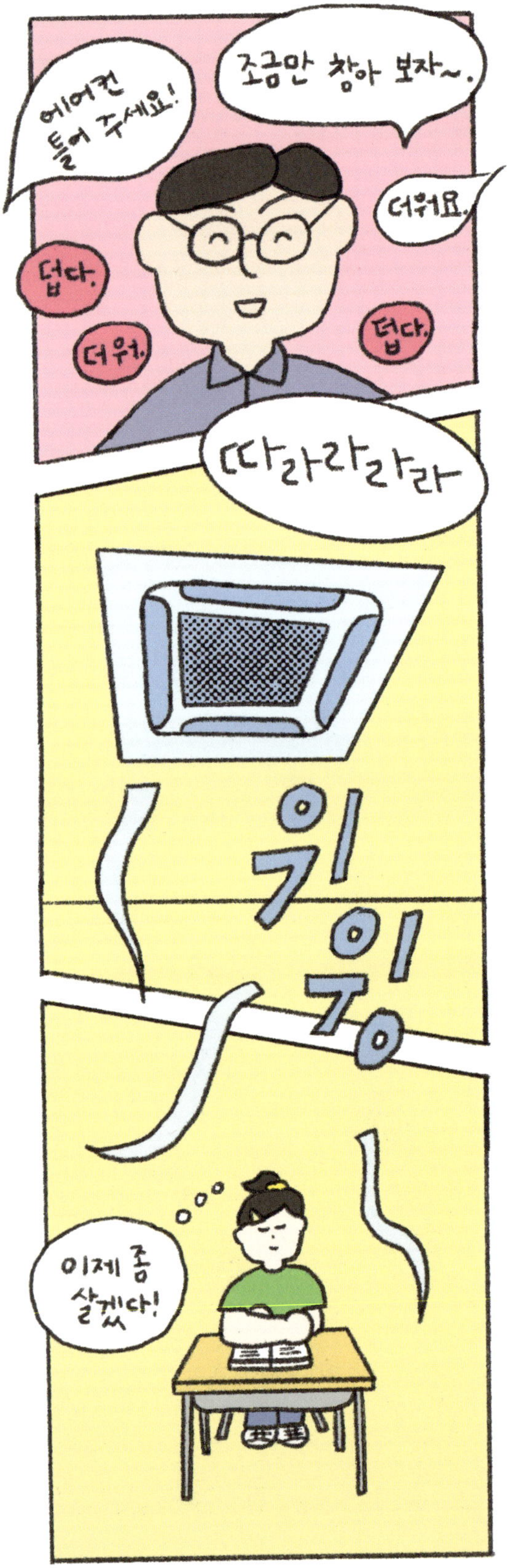

수품인 모양이다.

　우리 반은 아침에 등교하면 독서를 한다. 학급 문고에 갖가지 책이 있다. 책들은 서로 자기를 뽑아 갔으면 하는 것 같다. 내가 학급 문고 앞에 서면 서로서로 알록달록한 색을 뽐내며 나에게 손짓을 한다.

　'어서 수업 종이 울렸으면······.'

　선생님은 수업 종이 울려야 에어컨을 틀어 주신다. 아침에는 에어컨 틀 정도의 온도가 아니라고 하셨다. 그렇지만 나는 시원한 에어컨 바람이 너무 좋아서 아침에 학교에 갔을 때 에어컨을 바로 틀어 주시면 좋겠다고 생각했다.

　따라라라라~.

　수업 시간을 알리는 종이 울렸다. 에어컨을

틀어도 바로 시원한 건 아니다. 교실 천장에 달려 있는 에어컨이 우리 교실 전체를 시원하게 하는 데 느낌상 30분은 걸리는 것 같다. 1교시가 끝나 갈 때쯤이 되어서야 시원한 바람이 나의 볼에 어깨에 내려앉았다.

'에어컨 바람이 바닥에서 나오면 빨리 시원해질 텐데.'

1교시 오늘 1교시는 국어 시간이다. 국어책을 읽고 떠오르는 장면을 그림으로 그려 보는 활동 학습지를 받았다. 나는 국어책에 등장하는 주인공이 공을 차는 그림을 그렸다. 그리고 색연필로 쓱쓱 색칠을 했다.

국어책

우리가 보는 책은 종이와 잉크를 사용해 만들어져요. 책 한 권은 전자책의 2배인 4900g의 탄소 발자국을 남긴다고 해요.

국어책 1권 = 4900g

선생님이 나눠 주신 활동 학습지

우리가 사용하는 종이를 만들 때도 탄소가 발생해요.

학습지 1장 = 5g

색칠을 하면 더 예쁘기는 하지만 가끔은 '색칠을 꼭 해야 하나?' 하는 생각도 든다.

학습지를 완성한 후에 선생님에게 검사를 받고 교실 뒤 게시판에 붙여 두었다. 선생님은 그 전에 붙어 있던 내 이름을 그린 글자 그림을 집으로 가져가라고 하셨다. 사실 집으로 가져가는 나의 작품은 바로 버려진다. 그래서 그냥 학교에서 버리고 싶은 생각도 많이 든다.

작년에 학습지를 집에 가져갔는데 엄마가 분리배출함에 버리셔서 깜짝 놀랐다.

"엄마, 제가 열심히 한 건데 어떻게 버리실 수가 있어요?"

"그렇긴 한데 은우가 한 걸 모두 쌓아 둘 수는 없잖니. 학습지나 작품은 하는 과정이 중요하니까, 엄마가 눈으로 잘 담아 둘게. 너무 섭섭해하지 말렴."

"……."

생각에 잠겨 있는데 내 짝 서진이가 손을 번쩍 들었다.

"선생님, 집에 가져가도 버리는데 그냥 학교에서 버리고 가도 될까요?"

"그래, 그렇게 하렴."

서진이는 교실 뒤 분리배출함으로 성큼성큼 걸어가서는 종이함에 학습지를 버렸다. 아마도 그림을 잘 그려서 당당하게 버리는 것 같다. 나는 집에 가서 버려야지.

2교시

2교시는 수학 시간이다.

나는 수학이 재미있다. 우리 오빠는 수학을 포기했다고 하는데 이유를 모르겠다.

선생님이 설명해 주시는 것도 참 쉬웠다. 이렇게 쉬운데 왜……?

수학책이랑 수학 익힘책이랑 다 풀었는데 선생님이 또 학습지를 주셨다. 연산 열 문제였다. 금방 풀 수 있었다. 하하, 나는 수학 천재 아닐까? 답을 보며 빨간색 색연필로

채점을 하고 선생님에게 칭찬을 들은 뒤 수학 학습지도 가방에 넣었다. 엄마 보여 드려야지.

3교시

3교시는 체육 시간이다.

쉬는 시간마다 학교 운동장 미세 먼지 신호등을 살펴보았다. '좋음'은 바라지도 않는다. '보통'은 되어야 운동장에 나갈 수 있는데, 어제도 '나쁨'이 떠서 체육을 못 했다.

'하늘아, 오늘은 제발 좀……'

선생님이 말씀하셨다.

"자, 그럼 운동장으로 나갈까요?"

"와~!"

친구들이 함성을 질렀다.

'오늘은 뭘 하려나? 피구? 줄넘기일까?'

선생님은 풍선을 가지고 재미있는 활동을 할 거라고 하셨다.

선생님이 마치 풍선으로 인형을 만드는 사람처럼 공기 주입기로 엄청 빠르게 풍선을 부풀어 오르게 하셨다. 친구들 중에 한두 명은 귀를 막고 있었다.

신기하게도 풍선은 하나도 안 터졌다. 풍선 열 개 모두 공기가 빵빵하게 찼다. 풍선 열 개를 가지고 릴레이 달리기도 하고, 사각형 안에서 떨어뜨리지 않기 놀이도 하고, 다양한 놀이를 하면서 즐겁게 체육 수업을 했다.

3교시 수업을 마치고 화장실에 들려 손을 씻고 교실로 들어갔다. 앗, 선생님이 교실

핸드 타월 사용

학교에서 손을 적어도 두 번 이상은 씻어요. 손수건을 가지고 다니라는 이야기를 듣긴 하지만 습관이 아직 몸에 안 뱄어요.

핸드 타월 1묶음 = 2000g

화장실 사용

수세식 화장실을 한 번 사용할 때 물 12ℓ가 들어요. 하루에 7번 정도 화장실을 간다고 하면 2ℓ 생수 42통이 필요한 거예요. 탄소 배출량으로 바꾸면…

하루 화장실 사용량 = 14g

에어컨을 꺼 두셔서 교실이 찜통 같았다. 선생님은 얼른 에어컨을 틀어 주셨다. 이중으로 된 교실 창문도 잘 닫혀 있는지 다시 한번 확인해 보라고 하셨다.

 4교시는 만들기 시간이다.
"오늘은 부채를 꾸미고 바람개비를 만들어 볼 거예요. 지금 우리는 에어컨과 선풍기를 이용하고 있지만 에어컨과 선풍기가 없었던 옛날에는 부채로 더위를 쫓곤 했어요."

나는 선생님이 주신 부채에 여름 더위를 확 없애 줄 바람 장군을 그리기 시작했다. 내 짝 서진이가 끙끙거리며 고민하고 있다가 그림을 그리는 나를 눈이 휘둥그레져서 쳐다보았다.

"은우야, 너 벌써 생각났어?"

"응, 난 바람 장군을 그릴 거야."

"와, 부럽다."

내가 이렇게 빨리 그림을 그릴 수 있었던 건 다 경험이 있어서다. 지난주에 갔던 마트에서 학생들에게 흰 부채를 나눠 주었는데 거기에 이미 바람 장군을 그려 봤으니까.

플라스틱 부챗살로 만들어진 부채였다. 시원하긴 한데 솔직히 이걸 자주 사용하지는 않을 것 같았다. 왜냐하면 우리 집에는 이미 부채의 수가 우리 가족의 수보다 훨씬 더 많았다.

그리고 휴대용 선풍기도 서너 개는 되는 것 같다. 휴대용 선풍기는 부채보다 훨씬 더 시원하고 힘이 들지도 않는다. 물론 건전지를 사야 하지만 말이다.

그래도 부채를 꾸미고 나서 친구들과 가위바위보를 해서 열 번씩 부쳐 주기 놀이를 할 수 있어서 즐거웠다.

바람개비는 색종이, 수수깡, 핀만 있으면 뚝딱 만들 수 있다. 유치원에서도 몇 번 만들어 봤던 거라 쉽다.

나는 빨간색과 노란색 양면 색종이로 바람개비를 만들었다. 긴 바람개비를 만들고 싶어서 수수깡 두 개를 연결했다. 수수깡과 수수깡을 무엇으로 연결할지 고민하고 있을 때 우리 모둠 친구인 민지가 투명 테이프를 이용하라고 해서 그렇게 했다.

자리에 앉은 채로 왼쪽으로 또 오른쪽으로 빠르게 '슝~' 움직여 바람개비를 돌려 보았다. 쉬는 시간에 잠시 복도 쪽 창문가에 바람개비를 놓아두었다. 시원한 바람이 바람개비를 돌려 줄 줄 알았는데 그렇지는 않았다.

바람개비 만드는 법

준비물: 색종이 1장, 수수깡 또는 빨대 1개, 핀 1개

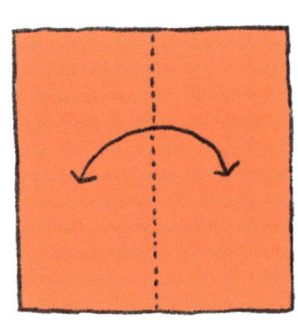
① 색종이를 반으로 접으세요.

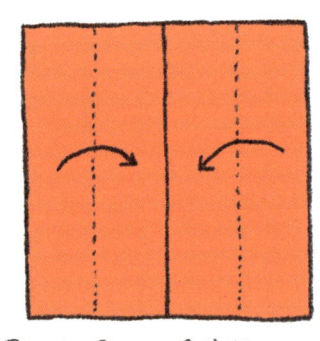
② 점선을 따라 중심선과 만나도록 접으세요.

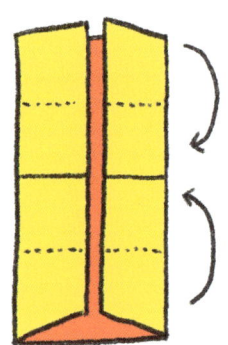
③ 점선을 따라 접으세요.

④ 화살표의 방향대로 펼치세요.

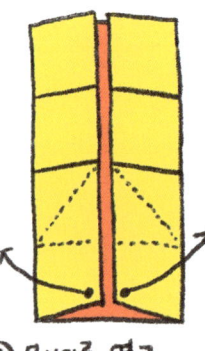
⑤ 모서리를 열고 점선을 따라 앞으로 접으세요.

⑥ 화살표가 가리키는 대로 펼치고 접으세요.

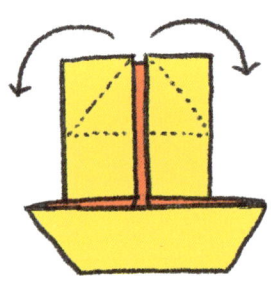
⑦ 반대쪽도 ⑤와 ⑥을 반복해주세요.

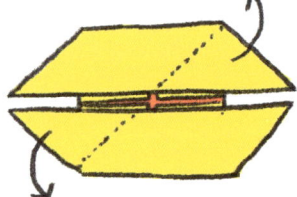
⑧ 점선을 따라 접으세요.

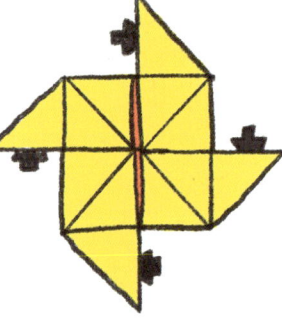
⑨ 화살표 부분을 살짝 열어 약간의 공간을 만드세요.

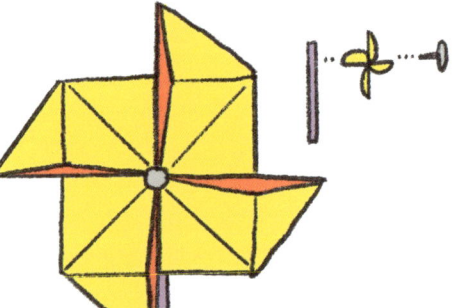
⑩ 수수깡 또는 빨대와 바람개비를 핀으로 고정해 주세요. 완~성!

"피!"

다른 친구들도 나와 같은 생각이었나 보다.

"안 되네."

다시 교실로 돌아왔다. 바람개비를 손으로 몇 번 돌려 보고 가방에 넣었다. 이건 집에 도착하기도 전에 가방 안에서 쓰레기로 변신할 거다.

색종이는 꾸깃꾸깃 구겨질 테고, 핀은 빠질 테고, 수수깡도 아마 부러질 테지? 그래도 어쩔 수 없다. 공부를 안 할 수도, 만들기 활동을 안 할 수도 없는 노릇이니까.

환경 이야기 - 하나

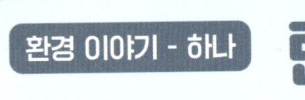

탄소 발자국

눈 위를 걸어 본 적이 있나요?

걷다가 뒤를 돌아보면 눈 위에 나를 따라오고 있는 발자국이 보일 거예요.

탄소 발자국도 내가 생활하기 위해 물을 사용하거나 물건을 쓸 때 나오는

이산화 탄소를 발자국으로 표현한 거예요.

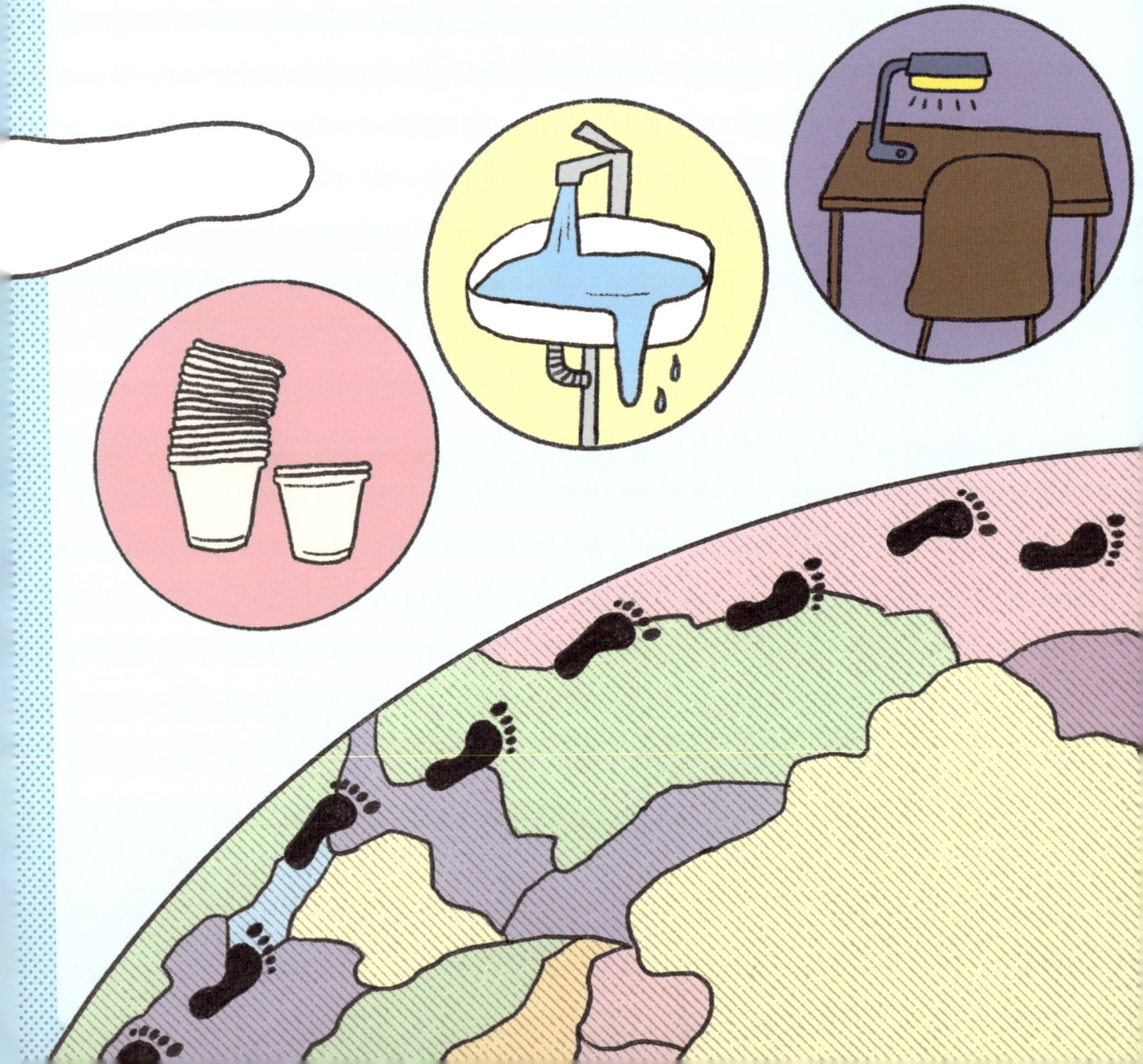

어떤 때 탄소 발자국이 많이 발생하나요?
어떻게 하면 탄소 발자국을 덜 만들 수 있을까요?

드디어 기다리던 점심시간이다. 나는 4교시가 시작되면 살짝 설렌다. '오늘 점심엔 어떤 음식들이 나올까?'

오늘 학교 급식은 돈가스, 카레, 깍두기, 요구르트, 오렌지이다. 우리 학교는 교실로 급식대가 들어온다. 줄을 서서 밥이랑 돈가스, 카레, 깍두기, 요구르트를 차례대로 받

앉다.

　우리 반으로 온 급식대에는 아직 음식이 많이 남아 있었다. 밥은 서너 공기 분량이 남았고, 돈가스는 한 조각이 남았고, 카레도 서너 공기 분량이 남았다. 깍두기는 우리 반에 왔을 때랑 비교하면 3분의 1 정도 남았고, 요구르트도 두 병 남았다. 오렌지는 다섯 개 정도 남았다.

　"밥 더 먹을 사람?"

　더 이상 먹을 사람이 없는 것을 확인하고 국통에 잔반을 모두 모았다. 큰 국통이 절반 넘게 찼다. 요구르트는 다 먹고 나서 커다란 비닐봉지에 요구르트병 스물두 개와

오늘 점심 급식으로

음식을 만들 때 탄소가 발생하는 건 알고 있죠? 오늘 점심 급식으로 나온 밥, 돈가스, 카레, 깍두기, 오렌지 등이 식탁에 올라오기까지 발생하는 탄소는…

 점심 급식 = 1만 4900g

남긴 음식물 쓰레기

오늘 우리 학급에서 남긴 음식물 쓰레기를 모두 합치면 2000g이나 되는 것 같아요.

뚜껑을 모아서 묶었다.

  요구르트병을 담은 비닐봉지가 급식대 위에서 꼭 작은 언덕 모양을 하고 있었다.

  갑자기 2학년 다섯 개 반의 요구르트병을 다 합치고, 다른 학년 것까지 합치고, 또 우리 학교 근처에 있는 다른 학교 것까지 합치면 '와~, 진짜 아파트 뒷동산만 할 것 같아.'라는 생각이 들었다.

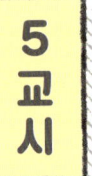

5교시에는 학교 주변을 깨끗이 청소하는 봉사 활동을 했다.

"집게를 가지고 학교 운동장이나 화단에서 쓰레기를 주워 오세요. 선생님이 나누어 주는 쓰레기봉투에 집게로 쓰레기를 주워 담으면 되는 거예요. 자, 운동장으로 나가 볼까요?"

"이렇게 깨끗한 운동장에 무슨 쓰레기가 있겠어?"

"누가 더 많이 줍나 시합할까?" 우현이가 웃으며 말했다.

"그래, 시합하자!"

'어디에 쓰레기가 많을까?'

운동장, 화단, 수돗가, 장독대, 텃밭에 생각보다 많은 쓰레기가 떨어져 있었다. 학교에 있을 것 같지 않은 하드 막대기, 오래된 장갑, 비닐, 플라스틱 뚜껑, 찢어진 종이가 많았다. 정말 신기한 건 아이스크림 쓰레기이다.

지난 2년 동안 학교에서 아이스크림을 먹는 사람을 한 번도 본 적이 없는데 이게 웬일이지? 우리 할머니 말씀처럼 정말 귀신이 곡할 노릇이다. 정말이지, 내가 하교한 후에 학교가, 학교가 아닌 무언가로 변신을 한다는 생각밖에 할 수가 없었다.

쓰레기봉투가 놀랄 정도로 채워지고 있었다. 친구랑 학교 정문 밖을 얼핏 보았는데 우아! 학교 밖에는 쓰레기가 더 많았다. 한 시간 동안 열심히 쓰레기를 주운 뒤 우현이와 나는 누가 더 많이 주웠는지 쓰레기봉투를 서로 견주어 보았다.

우현이 봉투에는 꽤 묵직한 정체 모를 진짜 쓰레기 같은 것이 있었다. 비닐에 흙이 뭉쳐 있는 것 같았다. 우현이는 그걸 화단 옆에서 주웠다고 했다.

플라스틱 폐기물

하루에 사람 한 명이 버리는 쓰레기의 양은 0.86kg이고요, 이 중에서 플라스틱 폐기물의 양은 241g이나 된다고 해요. 탄소 배출량으로 바꾸면…

플라스틱 폐기물 241g = 63g

나는 개수가 많고 우현이는 쓰레기봉투를 더 많이 채워서 승부를 가리기가 어려웠다. 그래서 우리는 선생님에게 여쭈어보기로 했다.

"선생님, 저는 쓰레기를 많이 주웠어요."

"선생님, 저는 쓰레기 부피가 더 커요."

"둘 다 잘했구나. 그런데 왜 그러지?"

"시합했거든요."

"하하하. 그래, 은우랑 우현이 둘 다 잘했으니까 무승부로 하는 게 좋겠는걸. 2학기에 다시 승부를 내 보려무나."

14:00 수업이 끝난 뒤

　오늘은 수업이 다 끝나고 태권도 학원에 가는 날이다. 우리 반 아이들 중에는 미술 학원을 다니는 친구들도 있고, 영어 학원에 가는 친구들도 있다. 또 어떤 친구들은 학원을 두 군데 세 군데씩 다니기도 한다. 나는 다행인지 불행인지 아직 잘 모르겠지만 지금은 태권도 학원과 학습지 한 가지만 하고 있다.

　학교가 끝나는 시간에 맞춰 학원 버스가 학교 앞으로 온다. 학교 앞에서 노란색 학원 버스를 기다려 학원으로 갔다. 버스를 기다릴 때는 진짜 더웠다. 아이스크림처럼 콘 위에 올려진 지구가 기후 변화로 줄줄 녹고 있는 포스터를 본 적이 있는데 오늘 날씨가 딱 그런 것 같다. 그렇지만 학원 버스를 타면 또 다른 세상이 펼쳐진다. 타자마자 확 시원한 느낌이 드는 데다가 어쩔 때는 살짝 추워서 반팔 옷이 긴팔로 쭉 늘어나면 좋겠다고 생각한 적도 있다.

　태권도 학원은 학교에서 멀지 않은 곳에 있다. 5분쯤 차를 타고 가면 도착하고, 집에서도 가까운 편이다. 태권도장도 예상대로 시원했다. 태권도 학원 관장님이 바삭하고 고소한 카스텔라 칩 한 봉지와 말랑말랑한 캐러멜도 한 개 주셨다.

　내가 정말 좋아하는 과자와 캐러멜이다. 입에서 사르르 녹았다. 목이 말라서 정수기 옆에 놓인 종이봉투에 물을 따라 마셨다.

카스텔라 칩 한 봉지

관장님이 주신 카스텔라 칩을 만들 때도 탄소가 발생하지요. 과자의 종류, 만드는 방법에 따라 서로 차이가 클 테지만, 내가 먹은 카스텔라 칩 1봉지(50g)는 탄소를 얼마나 발생시킬까요?

 카스텔라 칩(50g)

x 1봉지 =

 789g

태! 권! 힘차게 기합을 넣으며 한 시간 동안 운동을 하고 나면 학원 버스가 나를 집에 데려다준다. 사실 걸어갈 수 있는 거리인데 덥기도 하고 힘들기도 하고 또 편하기도 해서 그냥 학원 버스를 타고 다닌다.

집에 도착했다. 오빠가 아이스크림과 하드를 맛나게 먹고 있었다. 나도 얼른 냉장고 문을 열고 하드 하나를 꺼내 입에 물었다. 그래, 이 맛이야!

'하드야, 너는 왜 이렇게 달콤한 것이냐?'

"오빠, 하드 막대기는 분리배출 하는 거야?"

"뭔 소리야? 그냥 쓰레기통에 버려."

"그럼 하드 비닐은?"

"그것도 그냥 버려. 하드 묻어 있으니까."

"어, 알겠어."

이제 엄마 아빠 오시기 전까지 스마트폰으로 게임을 하고 동영상을 봐야지. 한 시간 남았으니까 30분은 게임을 하고, 30분은 동영상을 보면 되겠다.

자, 간식으로 삼각형 모양 과자도 한 봉지 준비하고 실감 나는 사운드를 위해 볼륨도 최대한으로 올리고……. 볼륨을 가장 크게 해야 실감이 나서 더 재미있다.

따리따리링~. 게임은 음악 소리도 참 신나게 만드는 것 같다. 동영상 시청까지 하려고 했는데 게임 시간이 순식간에 지나가 버려서 영상은 주말에나 봐야 할 것 같다.

띠띠띠띠띠.

번호 키 누르는 소리가 들렸다.

"엄마닷! 야, 숨어~!"

오리지널 바닐라 맛 아이스크림

오빠가 먹은 아이스크림을 만들 때도 탄소가 발생해요. 아이스크림마다 차이가 크게 나겠지만, 오빠가 먹은 바닐라 맛 아이스크림 한 통(900㎖)을 만들 때 발생하는 탄소는…

 아이스크림(900㎖) x 1통

=  518g

스마트폰 게임·동영상 시청

스마트폰을 사용하기 위해서는 충전을 해야 하지요? 배터리에 저장해 놓은 전기를 이용해서 스마트폰이 작동하는데요, 화면의 밝기, 소리의 크기, 어플의 종류에 따라 사용되는 전기의 양이 다릅니다. 화면을 아주 밝게, 소리도 크게 스마트폰을 사용했다면…

 스마트폰 x 1시간 = 2g

인스턴트식품 생산

삼각형 모양의 과자를 만드는 데 이산화 탄소 배출량을 많이 줄이려는 노력을 했어요. 그래도…

 삼각형 모양 과자 x 1봉지

=  235g

오빠의 말에 나는 얼른 내 방 이불 속으로 숨었다. 생선 가게 가자미처럼 몸을 최대한 납작하게 만들었다. 드디어 엄마가 방에 들어오셨다.

"얘들이 어디 있지? ……찾았다!"

매번 하는 숨바꼭질이지만 엄마는 어떻게 그렇게 한 번에 찾아내는지 모르겠다.

엄마가 마트에 장을 보러 가자고 하셨다.

"은우가 좋아하는 간식도 고르고……. 어때, 같이 갈래?"

"네, 저는 과자가 먹고 싶어요."

처음 하루 이틀은 괜찮았는데 한 달쯤 되었을 때는
몸에 붙인 쓰레기가 28킬로그램쯤 되었다고 해요.
지구 위의 수많은 사람들이 만드는 수많은 쓰레기들…….
어떤 방법으로 줄일 수 있을까요?

30일

아이고,
너무 무거워서
꼼짝을 할 수 없어.

18:30 저녁 준비

엄마 아빠와 함께 자가용을 타고 마트에 갔다. 오늘 다녔던 곳 중에서 마트가 가장 시원했다. 특히 냉동식품 코너를 돌 때는 팔에 오스스 소름도 돋았다.

만두랑 불고기 시식도 하고 내가 좋아하는 과자랑 음료수, 젤리도 골랐다. 아이스크림도 빼놓을 수 없지. 과자는 열 개짜리 한 묶음을 집었다. 열 개까지 먹고 싶은 건 아

니었는데 열 개씩 묶여 있어서 어쩔 수 없었다. 달걀도 아니고 굴비도 아닌데 왜 줄줄이 묶어 놨는지 모르겠지만 두고두고 먹으면 되니까. 그래도 좀 질릴 때가 있다. 그래서 가끔은 유통 기한이 지나 버리기도 한다. 물건을 사는 사람이 원해서 묶음으로 파는 것 같지는 않다.

　엄마는 호주산 소고기를 살지 한우를 살지 고민하고 계셨다. 가격과 양을 비교하면서 고민하시는 것 같았다. 또 달걀을 살 때도 고민하셨다. 유기농 달걀과 일반 달걀이었다. 유기농 달걀은 화학 비료를 쓰지 않아 몸에 좋다고 한다. 지난번에는 일반 달걀을, 지지난번에는 유기농 달걀을 먹었는데 솔직히 난 잘 모르겠다. 그렇지만 엄마는 맛의 차이보다 사람들의 노력이 필요한 일이라고 하셨다. 확실히는 모르지만, 사람들이

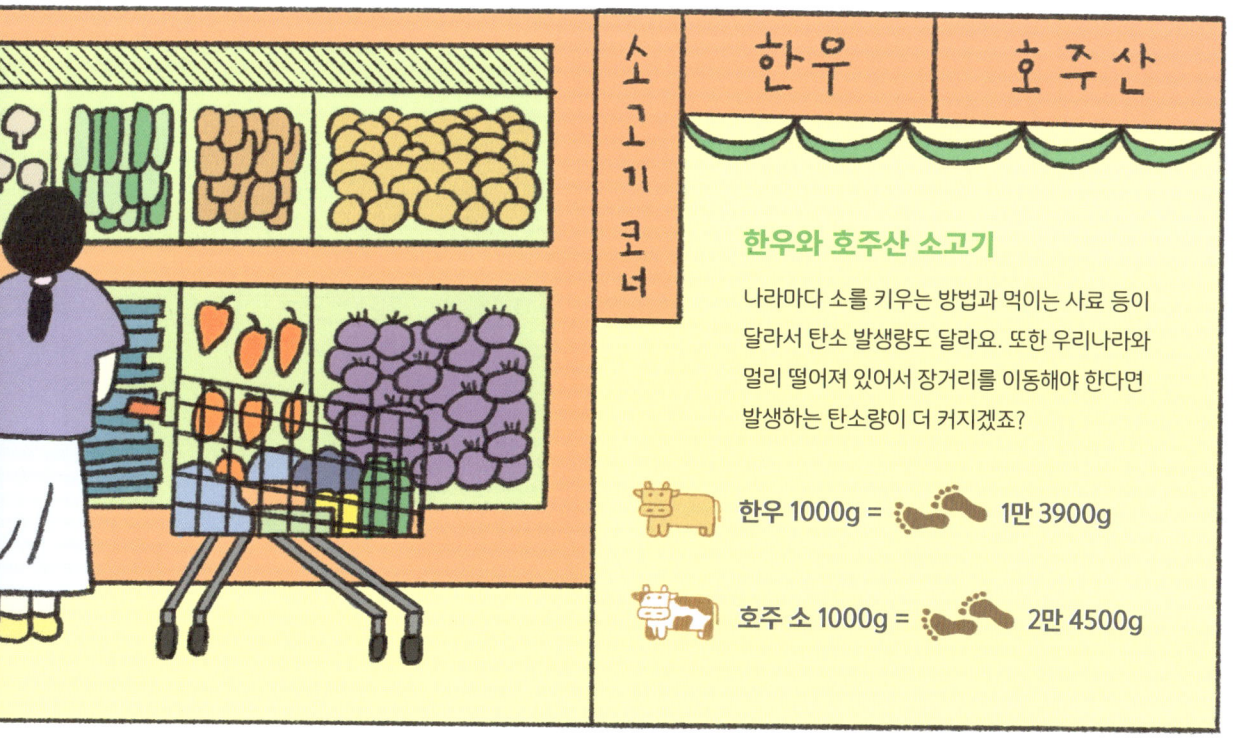

한우와 호주산 소고기

나라마다 소를 키우는 방법과 먹이는 사료 등이 달라서 탄소 발생량도 달라요. 또한 우리나라와 멀리 떨어져 있어서 장거리를 이동해야 한다면 발생하는 탄소량이 더 커지겠죠?

한우 1000g = 1만 3900g

호주 소 1000g = 2만 4500g

다 같이 노력하면 뭔가 바꿀 수 있다는 것을 나는 믿는다. 그래서 그런 일에 동참하고 싶긴 하다.

  학교 수업 시간에 외부에서 오신 선생님에게 푸드 마일리지에 대해 배운 적이 있다. 푸드 마일리지는 비행기 마일리지 덕분에 잘 기억할 수 있었다. 음식이 멀리서 날아오면 탄소가 많이 발생해서 가까이에서 나는 음식을 사는 것이 지구를 위해 좋다고 하셨

다. 그런데 호주산 소고기랑 국내산 한우를 비교해 보니 한우가 두세 배 비쌌다. 유기농 달걀과 일반 달걀의 가격은 그렇게 많이 차이 나지는 않았다. 아무튼 지구에도 좋고 나에게도 좋은 건 가격이 좀 비싼 것 같다.

 호주산 소고기, 일반 달걀 두 꾸러미, 두부, 김, 과자, 파이, 시리얼, 내가 좋아하는 음료수 네 개, 우유 1리터 두 개, 시식했던 냉동 만두, 콩나물, 식빵, 냉동 볶음밥, 오징어

등……, 이렇게 샀는데 10만 원이 훌쩍 넘었다. 장 본 것들을 아빠가 상자에 담아 포장을 하셨다. 상자 한 개면 될 줄 알았는데 두 상자나 되었다.

집으로 돌아와 엄마 아빠는 마트에서 장 본 것들을 냉장고와 주방에 정리하셨다. 정리하고 나니 또 이런저런 쓰레기들이 생겼다. 일단 상자 두 개에 달걀 포장지, 과자를 묶어 두었던 테이프, 파이도 상자 안에 들어 있어서 그 상자도 정리했다.

엄마와 아빠가 저녁을 준비하셨다. 새로운 반찬이 만들어질 때마다 쓰레기는 계속 쌓여 갔다. 콩나물과 두부를 포장했던 포장재도 버렸다. 냉동 볶음밥도 개별 포장되어 있어서 두 개의 쓰레기가 나왔다. 조금 남았던 우유는 내가 마셔 버리고 우유갑을 정리한 다음 새 우유를 냉장고에 넣어 두었다. 오빠는 벌써 과자 한 봉지를 먹고 음료수도 마셨다.

냉장고에 있던 냉동 만두 다섯 개를 꺼내 요리하셔서 포장재가 또 쌓였다. 오늘 우리 아파트 분리배출일이어서 집에 조금씩 남아 있는 것들을 모두 정리하시려는 것 같았다. 아직은 쓰레기가 아니지만 쓰레기가 막 되려고 하는 것들까지 가능한 한 정리를 다 하시려는 듯 엄마 아빠는 분주하게 움직이셨다.

　우리 가족이 마트에 다녀와서 저녁 준비를 했을 뿐인데 쓰레기가 한 상자 가득 나온 것 같았다. 버려지는 상자를 보니 문득 이런 생각이 들었다. '일주일에 두 번 이상 한두 상자씩 사 오는 음식 재료들은 다 어디로 갔지?' 택배로 배송되는 것도 양이 꽤 되는데 우리 집 냉장고는 아직 터지지 않았다. 그럼 그 많은 양이 다 내 배 속으로, 아빠 배 속으로, 엄마랑 오빠의 배 속으로 들어간 거라고?

　생각할수록 정말 놀랍다.

우유 생산

성장기에는 우유가 필수 식품이지요. 우유도 탄소를 배출해요.

 우유 1ℓ = 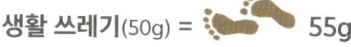 789g

육류 생산

달걀은 1kg당 이산화 탄소 배출량이 4만 8000g이에요. 닭고기는 6900g이고요. 양고기는 3만 9200g이에요.

생활 쓰레기

오늘 내가 만든 쓰레기의 양은 얼마나 될까요? 그나마 분리배출을 잘하면 발생하는 탄소량을 많이 줄일 수 있어요. 그런데 무심코 버린 과자 봉지, 학습지, 지우개 같은 생활 쓰레기는 다시 활용하지 못하고 태워서 없애야 해요.

생활 쓰레기(50g) = 55g

21:00 저녁에 집에서

저녁을 먹고 아빠와 나는 분리배출을 하러 갔다. 아빠가 커다란 바구니 네 개를 들고 나는 스티로폼 상자 두 개를 들고 나갔다. 종이류, 플라스틱류가 정말 산처럼 쌓여 있었다. 이 많은 쓰레기가 어디서 나오는지, 일주일에 한 번씩 분리배출을 하는 게 맞는지 의심이 될 정도였다.

하긴 우리 집도 만만치 않은 양이다. 경비원 아저씨가 고철류, 병류, 비닐류를 담는 마대 자루를 연신 갈아야 할 만큼 분리배출장으로 모여든 사람들은 저마다 두 손 가득, 아니 두 손이 모자랄 만큼 거대한 양의 쓰레기를 쏟아 내고 있었다. 쓰레기가 몰려오고 있었다.

선생님이 스프링 달린 공책은 스프링과 공책을 분리해서 배출해야 한다고 하셨는데, 오늘 보니 이런 것들을 잘 안 지키는 사람들이 많았다. 코팅 종이도 종이류에 버려져 있었고 음식물이 잘 닦이지 않은 배달 음식 용기도, 또 김치를 쌌던 비닐도 비닐류에 아무렇지 않게 버려져 있었다.

경비원 아저씨가 투명 페트병의 라벨을 꼭 떼라고 말씀하시면서 투명 페트병 담는 마대 자루 옆에서 매의 눈으로 지켜보고 계셨다.

"아빠, 투명 페트병 라벨은 왜 떼야 해요?"

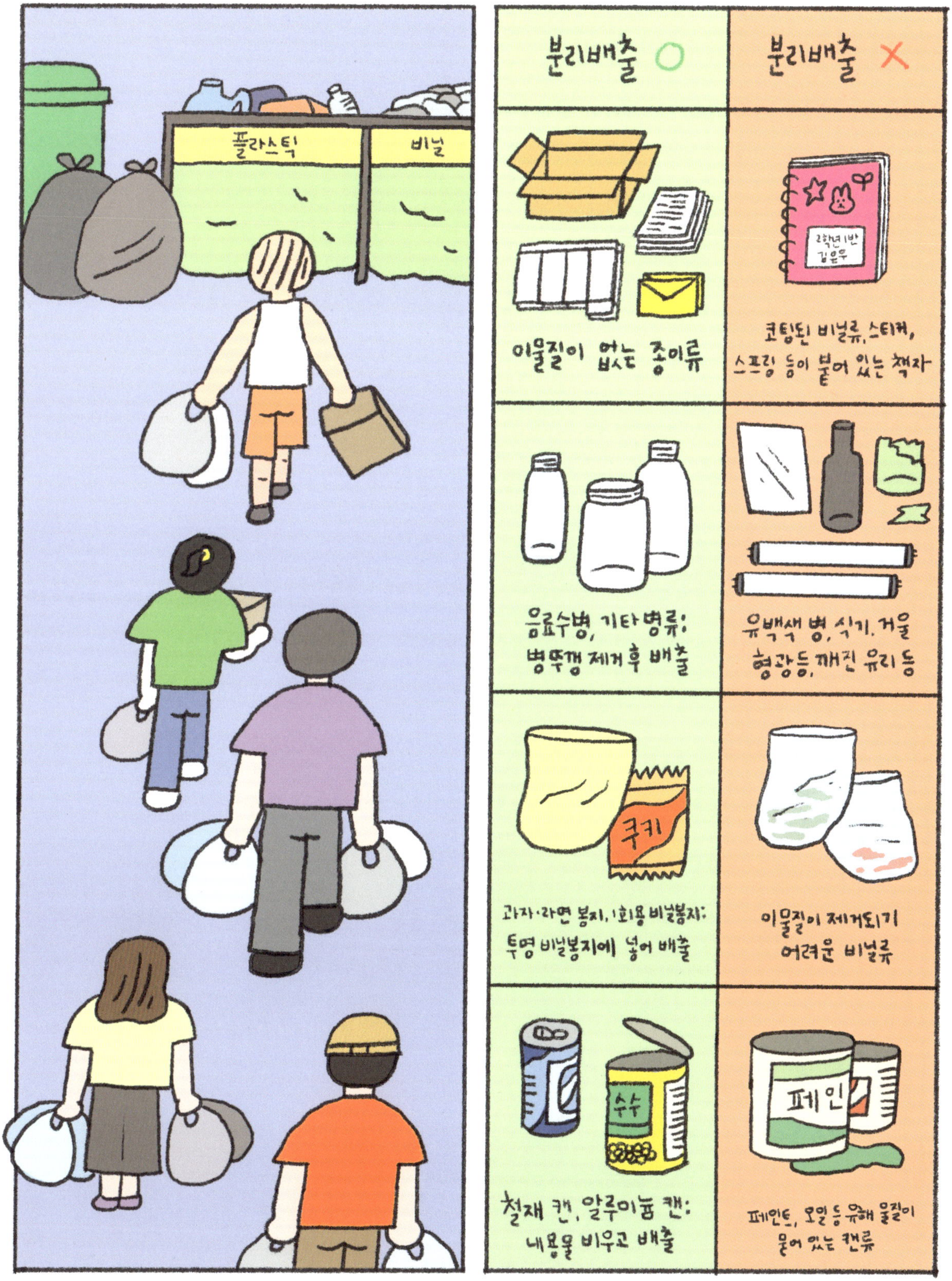

플라스틱
비닐
분리배출 ○
분리배출 ×
이물질이 없는 종이류
2학년 1반 김윤우
코팅된 비닐류, 스티커, 스프링 등이 붙어 있는 책자
음료수병, 기타 병류: 병뚜껑 제거 후 배출
유백색 병, 식기, 거울 형광등, 깨진 유리 등
쿠키
과자·라면 봉지, 1회용 비닐봉지: 투명 비닐봉지에 넣어 배출
이물질이 제거되기 어려운 비닐류
수수
철재 캔, 알루미늄 캔: 내용물 비우고 배출
페인
페인트, 오일 등 유해 물질이 묻어 있는 캔류

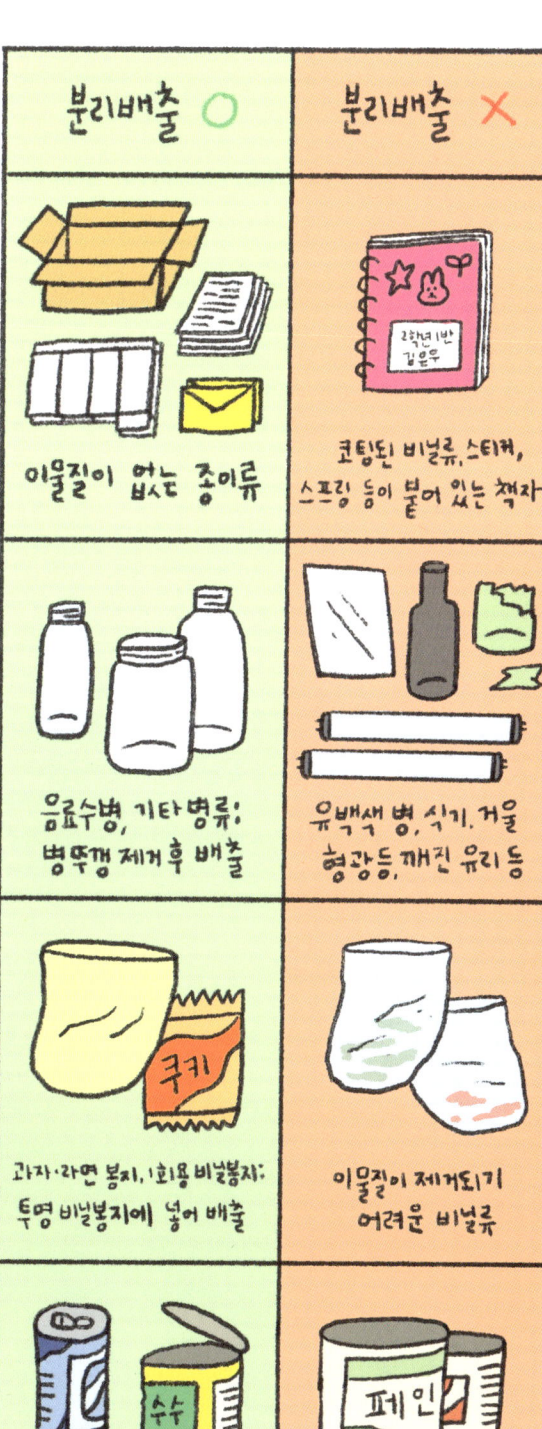

"투명 페트병은 재활용할 수 있는 분야가 많아서 특별히 따로 분리배출 하는 거란다. 예를 들면 옷도 만들 수 있고 가방도 만들 수 있고."

"아, 그럼 라벨 없는 페트병을 만들어 팔면 되겠네요."

"그래, 그렇게 만드는 회사들도 있지만 아직 그렇게 만들지 않는 회사가 더 많아."

"사람들이 라벨 없는 것만 사면 될 텐데……."

아빠는 고개를 끄덕이셨다.

분리배출 후 다시 엘리베이터를 타고 집으로 올라갔다. 나는 베란다에 나가 분리배출을 하고 있는 사람들을 넋 놓고 바라보았다. 아파트 출입구에서 사람들이 끝도 없이 쓰레기를 들고나오고 있었다.

우리 아파트만 분리배출을 하는 건 아닐 테고, 세상 모든 곳에서 이렇게 하겠지 하는 생각을 하다 보니, 나도 모르게 슬슬 걱정이 되었다. 우리 학교가, 우리 동네가, 우리 지구가 쓰레기 산이 되면 어떡하지……?

거실에서 오빠의 웃음 소리가 들렸다. 오빠와 함께 텔레비전을 보는 동안 아빠는 설거지를 하셨다. 물을 받아 놓고 하시는 엄마랑 다르게 아빠는 물을 흘려보내면서 설거지를 하신다. 그게 더 깨끗하게 씻기는 것 같다고 하셨다.

설거지를 끝내신 아빠는 음식물 쓰레기를 비닐봉지에 담아 음식물 쓰레기통에 버리러 간다며 신발을 신으셨다.

"아빠, 음식물 쓰레기 버리는 통에 비닐봉지도 같이 버려요? 여름에는 벌레 생길 수 있다고 일주일에 네다섯 번은 버리시잖아요."

"응, 그렇지."

저녁 식사

잡곡밥, 미역국, 깍두기, 불고기, 달걀찜, 식해, 토마토, 고등어조림, 시금치나물, 멸치볶음

 저녁 식사 = 55g

아빠의 설거지

아빠는 엄마와 달리 물을 틀어 놓은 채 설거지를 하세요. 우리가 사용하는 수돗물은 강물이나 빗물을 모아 사람들이 안심하고 먹을 수 있도록 여러 과정을 거쳐 우리 집으로 오게 되는데요, 이때 사용되는 전기도 적지 않습니다. 아빠가 설거지하시는 10분 동안 사용한 물의 양은 120ℓ(500㎖ 생수병 240개의 양)나 되지요.

 500㎖ 물 x 240개 = 120ℓ = 30g

남긴 음식물 쓰레기 500g

오늘 우리 가족이 저녁 식사를 하고 남긴 음식물 쓰레기를 모두 합치면 500g이나 되는 것 같아요.

 음식물 쓰레기 500g = 80g

음식물 쓰레기란?

음식물 쓰레기는 식품을 생산하고 조리하는 과정 등에서 나오는 쓰레기나 먹고 남은 음식 찌꺼기를 말해요. 호두 껍데기, 양파 껍질, 조개 껍데기, 복숭아씨, 뼈, 복어 내장, 티백, 한약재 등은 일반 쓰레기로 분류해서 버려야 해요.

22:00 내일 준비

갑자기 나중에 후세 사람들이 우리를 탐구하고서 '비닐의 인간'이라고 부를지도 모른다고 말한 어느 과학자의 말이 생각났다. 잘 썩지 않는 비닐이 바닷가에도, 운동장 흙에도, 또 산에도, 심지어 동물의 배 속에도 있으니 후세 사람들이 21세기 우리의 흔적을 살펴보려 할 때 어디서나 비닐이 정말 많이 발견될 것 같기 때문이다. 오늘 학교에서 그런 비닐 쓰레기 화석 같은 것을 우현이가 주웠던 기억도 연이어 떠올랐다.

이제 주제 글쓰기 숙제를 하고 잘 준비를 하면 된다.

거실에 나와 텔레비전을 보는 동안 내 방에는 전등이 환하게 켜져 있었다. 끄는 걸 깜빡했다.

의자에 앉아서 '내가 신발이라면'이라는 글을 여덟 줄 썼다. 내가 신발이라면? 헉! 너무 힘들 것 같다. 내 발 냄새도 참아야 하고, 어쩌면 유리 조각에 찔릴 수도 있고, 내가 함부로 대하는 것 같기도 하다.

앗, 글자를 잘못 써서 지워야 하는데 지우개가 보이지 않는다. 지난번에 선물 받은 새 지우개를 꺼내 비닐 포장지를 툭 풀었다.

그동안 내가 쓴 지우개는 몇 개나 될까? 아마도 스무 개는 넘을 것 같다. 지우개가 예뻐서 산 적도 많고 가지고 다니다가 잃어버린 적도 많다. 학기 초에는 이름도 꼭 쓰는데 그다음부터는 잘 쓰지 않아서 자주 잃어버리기도 하고 사실 잃어버려도 또 많이 있으니까 잘 찾지 않는다. 교실 앞 분실물 통에 지우개가 열 개 넘게 있어도 지우개를 찾아가는 친구들을 본 적이 없다. 나도 마찬가지이긴 하다. 옷이나 실내화 주머니는 곧잘 찾아가는데, 지우개나 연필은 며칠이 지나도 그대로 있다.

이제 가방을 챙기고 씻고 자야 한다.

화장실에 들어가서 샤워기 물을 틀고 씻기 시작했다. 앗, 보디 샴푸가 떨어졌나 보다.

"엄마, 보디 샴푸 안 나와요!"

"벌써 떨어졌어? 자, 여기 있어."

구석구석 깨끗이 씻고 머리도 다시 한 번 헹구고 큰 수건으로 감쌌다. 그리고 양치질도 했다. 양치질까지 끝냈으니 오늘 할 일은 다 했구나 싶어 편안한 기분이 들었다. 수건을 세탁기 옆 빨래 바구니에 넣고 내 방으로 향했다.

내일은 토요일이라 엄마 아빠랑 오빠랑 같이 캠핑을 간다. 우리 아빠는 캠핑을 하기 위해 지난해에 큰 차를 사셨다. 한 달에 두 번 정도는 엄마 아빠랑 1박 2일로 캠핑을 가거나 가까운 곳으로 여행을 떠난다. 차가 많이 막혀서 두 시간씩 차를 타고 가는 게 좀 귀찮기는 한데 차에서 스마트폰을 할 수 있어서 나쁘지만은 않다. 집 근처에 산도 있고 하천도 있는데 굳이 캠핑장에 왜 가는지 이해가 안 될 때도 많다. 하지만 나한테

물어보지 않으셔서 그냥 따라간다.

　꼼꼼한 엄마가 집에서 가져가는 양념들이 샐까 봐 비닐로 한 번씩 더 싸 가며 캠핑 용품을 챙기셨다. 엄마는 내일 캠핑장 근처 마트에 들러서 무엇무엇을 살지 아빠와 이야기를 나누셨다.

　이제 잠만 자면 된다.

　내 방으로 들어와 침대에 누워서 오늘 하루를 찬찬히 돌아보았다.

　오늘은 쓰레기와 관련이 많았다. 학교에서도 급식 당번이어서 잔반을 정리했고, 쓰레기 줍기 봉사 활동을 했고, 마트를 다녀와서 집에 있는 쓰레기를 정리하고 아빠와 함께 분리배출을 했다. 그리고 음식물 쓰레기도 함께 버렸다.

　'아무것도 사지 않는 날'도 있다고 하는데, 하루라도 쓰레기를 만들지 않는 날이 있을까? 하는 생각이 들었다. 그리고 정말 많은 쓰레기를 보면서 나는 문득 우리 마을이 쓰레기로 가득 찰 수도 있을 것 같다는 생각이 들었다.

　내가 어른이 되는 10년 후, 아니면 더 먼 미래에 지구는 어떤 모습일까? 우리는 오늘도 내일도 1년 후에도 5년 후에도 계속해서 쓰레기를 버리고, 또 전기를 쓰고, 물을 쓰면서 탄소를 배출할 것이다. 괜찮을까?

캠핑장

집에서 50km 떨어져 있는 캠핑장에 자동차를 타고 가면 탄소 배출량은 1km당 140g, 즉 7000g이에요.
요즘 탄소 중립을 실천하는 캠팽장 등이 있어요. 재생 에너지와 자가발전 자전거를 이용하지요.

 자동차 1km x 140g x 50km = 7000g

난 오늘 탄소를 얼마나 배출했을까?

그럼 난 무엇부터 해야 할까?

가장 먼저 할 일은 정확히 아는 것인 듯싶다. 잘 모르면서 어른들의 말씀을 듣는 것보다 먼저 잘 알고 그다음에 어떤 행동을 가장 먼저 해야 하는지, 또 어떤 일들을 하는 것이 중요한지 알게 될 테니 말이다. 그래야 한우를 사야 하는지, 유기농 달걀을 사야 하는지, 국산 과자를 사야 하는지 알 수 있을 것 아닌가?

오늘 하루 동안 나는 탄소를 얼마나 배출했을까? 이제 잠자리에 들어 내일 아침이 되기까지 나는 에어컨과 선풍기의 도움을 받아야 한다.

나의 24시에서 탄소 배출을 제로로 만들기는 어려울 것이다. 아무것도 먹지 않고 하지 않고 살 수는 없는 노릇이니까. 우리는 살기 위해 탄소를 배출한다. 그렇지만 저마다 배출하는 탄소의 양은 다르다. 삶이 다 다르기 때문이다. 필요한 만큼만 쓰는 것과 그것보다 훨씬 더 쓰는 것은 확실히 미래의 모습을 다르게 만들 것이다.

환경 이야기 - 셋

탄소 중립 도시

우리가 모두 행복한 삶을 살기 위해 탄소 배출을 안 할 수는 없을 거예요.
그렇지만 계속 이렇게 탄소를 배출하면 이상 기후로 변화하는 큰 문제를 겪게 돼요.
여기, 탄소 제로 도시를 꿈꾸는 곳이 있어요. 아랍 에미리트에서 건설 중인
마스다르시티예요!

여름에는 자연 바람을 최대한 이용하고, 교통은 모두 대중교통으로 바꾸고, 사람들이 서로를 배려하면서 환경을 보호하는 곳이에요.
우리 모두가 함께 힘을 모으면 지속 가능한 도시를 만들 수 있어요!

1판 1쇄 발행 2024년 3월 7일
1판 2쇄 발행 2024년 7월 15일

글 이성희 | 그림 김푸른 | 펴낸곳 한권의책 | 펴낸이 김남중
교정 한지연 | 디자인 나비 | 제작 공간
주소 (우)03968 경기도 파주시 노을빛로 109-26(202호)
출판등록 제406-251002011000317호
전자우편 knamjung@hanmail.net
전화 031-945-0762 | 팩스 0303-3139-6129

이성희·김푸른 ⓒ2024

ISBN 979-11-85237-61-9 73330

이 책의 글과 그림은 저작권법에 의하여 보호받는 저작물입니다.
잘못 만들어진 책은 구입하신 곳에서 바꾸어 드립니다.

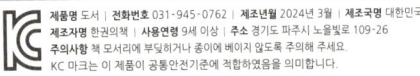